Anonymous

Kurze Erklärung der fürnembsten Taten,

so durch die Spanier beschehen in etlichen Orten der neuen Welt

Anonymous

Kurze Erklärung der fürnembsten Taten,
so durch die Spanier beschehen in etlichen Orten der neuen Welt

ISBN/EAN: 9783743487574

Hergestellt in Europa, USA, Kanada, Australien, Japan

Cover: Foto ©ninafisch / pixelio.de

Weitere Bücher finden Sie auf **www.hansebooks.com**

Kurtze Erklärung
Der
Fürnembsten Thaten/ so
durch die Spanier beschehen in etlichen Orten der neuwen
Welt/
So in folgenden Kupfferstücken/ schön/zier-
lich vnd künstlich derselben bey jeder Histo-
rien/ jetzt ins Teutsch dar gege-
ben werden.

ANNO CHRISTI M. D. XCIX.

I.

DJese erste Figur zeiget klärlich an / Erstlich was Gestalt die Spanier in der Jnsel Hispaniola etliche Galgen auffgerichtet/ daran sie fast an ein jeden biß in dreyzehen Indianer auffgehenckt/ welche sie nur halb erwürgt/ vnd denn darnach ein kleines Feuwer darunter gemacht/ mit welchem sie die Gehenckten zu todt gemartelt vnd geröstet. Zum andern wirt hierinn angedeut/ wie sie die jungen Kinder den Müttern von den Brüsten gerissen/ dieselben wider die Wand vn harten Felsen geschmissen/ daß jhnen das Hirn jämmerlich daran kleben blieben/ laut der Historiam 7. Blat.

a ij

II.

MIt den fürnembsten Herren vnd Casiquen, denen sie ein wenig grösser Ehr erzeigen wöllen/ seynd sie/ wie hierinn vermeldt wirt/ also verfahren/ nemblich/ so baueten die Spanier etliche sondere hültzerne Röste/ darauff sie die armen Indianer also lebendig mit einem dünnen Feuwer gebraten/ welches mit einem jämmerlichen vnd erschrecklichen Zetter Geschrey zu sehen vnnd zu hören gewesen/ daß auch die Spanier sich selber darüber entsetzen müssen. Den jenigen/ welchen sie gar gnädig seyn wollen/ haben sie die Hände abgehauwen/ wie in der Historien am 7. vnd 8. Blat zusehen.

a iij

III.

Dieses Kupfferstück deutet/ daß auff ein Zeit ein Spanischer Oberster in die Insel Hispaniolam ankommen/ und aber als ihm viel und grosse Wolthaten von den Indianischen Herren erzeigt gewesen/ und sonderlich von der Königin selbst mit Namen Anacaona, hab er auff die drey hundert der allerfürnembsten zu sich beruffen/ und ihnen ein frey sicher Geleyt zugeben versprochen. Darauff als er sie beysammen gebracht/ hat er die fürnembsten in ein groß ströhern Hauß gethan/ Feuwer darein gesteckt/ und sie alle jämmerlich umbgebracht. Die Königin aber an einen Baum henckken/ und die ybrigen niderhauwen und stechen lassen. Wie in der Hist. am 13. Blat zu lesen.

Je wirt gezeigt/ ein Herr oder Casique auß der Insel Cuba/ so von den Spaniern gefangen/ vnnd lebendig verbrennt worden/ weil er so lang ihme müglich gefloben. Als er noch am pfael gebunden stunde/ wolte jn ein Barfüsser Münch bekeren vnd trösten/ sagte derhalben zu jm/ Wo er glauben wolte/ was er jme fürhaltē würde/ solte er gewiß in himmel kommen/ Wo aber nicht/ würde er gewißlich in die Hell fahren müssen/ Darauff der arme Mensch den Münch gefragt/ Ob denn auch die Spanier in himmel kämen? Hat ihme der Münch geantwortet/ Ja freylich/ vnd insonderheit die Frommen. Hat der arme Indianer darauff also baldr geschlossen vnd geantwortet/ So wolte er denn nicht in himmel sondern in die hell. Er möchte bey solchen grausamen Tyrannen gar nicht seyn. Alles am 18. vnd 19. Blat.

b

V.

ES hatte dieser Casique den Spaniern 9000. Ducaten an Golt zur Ranzion gegeben/ doch war es jnen nit gnug/ sondern bunden jn auffs new an einen Pfael auff die Erden/ hielten jm also seine Füsse vber ein kleines Feuwerlein/biß sie noch 3000. Castilianer an Golt herauß locketen. Als er aber hernacher nichts weiters zu geben gehabt/ haben sie jhme die Füsse so lang gebraten/ biß er den Geist auffgeben. Hierbey wirdt auch angemelt/ wie die Spanier die Indianischen Weiber erwürgen vnd weg führen. Historia am 24. vnd 25. Blat.

h ij

LKie werden durch den Spanischen Gubernator in new
Hispanien/vber die 100. Casiquen vnd Herren selben Landts an
die Pfäel gebunden vnd verbrennet. Einer aber so mit andern Indianern in eine Kirche geflohen/ ward mit sampt der Kirchen vnd
allem was darinnen gewesen/ verbrennt. Sonsten warden fast auff die 6000.
Indianer/so auß freyem Willen zu den Spaniern sich geschlagen/in Meynung
jhnen jhr Plunder nach zutragen/gemetzigt vnd hingericht. In der Historia am
34. Blat.

h iij

VII.

Ach dem der fürtreffliche König von Mexico/ so Moteneuma genannt/ der Spanier Ankunfft auff Mexico verstendigt/ hat er also baldt sein eygnen Bruder/ beneben vielen andern fürnemmen grossen Herren/ mit köstlichen Geschencken vnd Verehrungen jnen entgegen geschickt: Auch als sie nahendt zu der Statt kommen/ ist er jnen in eygner Person entgegen gezogen/ sie eyngeleitet/ vnd in sein selbst eygnen Pallast eynfurieret. Ward aber baldt darauff in die Eysen geschmidt. Wie an fol. 35. zuerlesen.

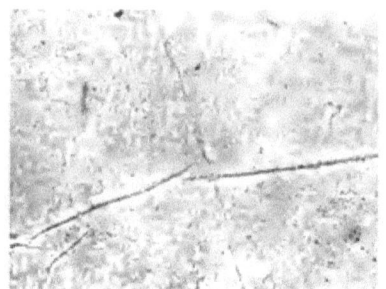

VIII.

JEtzwischen als gemelter König Motencuma also gefangen vñ in die Eysen geschmiedet/ vnderstunden sich seine vom Adel jn auff allerley Weise zuerlustiren vñ frölich zu machen. Derwegen sie offtmals gedantzet/ vnd sich zum schönsten/ wie alda der Brauch/ gezieret. Als demnach der grosse vñ herrliche Schmuck einmahl den Spaniern die Augen eyngenommen/ vnd sie den grossen Reichthumb ersehen/ so gemelter Schmuck wert gewesen/ als habeñ sie die Däntzer ohnversehener Weise dermal eins vberfallen/ vnd alle jämmerlich vmbgebracht. Vnd also einen grossen Adel hingericht. Wie fol. 36. weitleufftig Meldung beschicht.

IX

ALS demnach die Indianer gesehen/ daß kein Guts gegen der Spanier Tyranney helffen wollen/ als haben sie gleichfals alle Mittel vnd Weg an die Hand genommen/ wie sie damit den Feinden einen Abbruch thun möchten. Derhalben sie an Ort vnd Enden/ da sie vermeinten daß die Spanier hinkommen möchten/ grosse Gruben gegraben/ vnnd inwendig mit spitzigen Pfälen bestecket/ darnach mit Erdschollen wider zugedeckt. Vnd ob wol die Spanier ein mal oder zwey damit angefärt/ vnd drein gefallen/ haben sie sich doch hundertfältig bald wider gerechet: Denn alles was Indianisch gewesen/ so wol Weib vnd Mann/ als Kinder lebendig mit jhren Leibern diese Gruben außfüllen müssen. Historia an fol. 44.

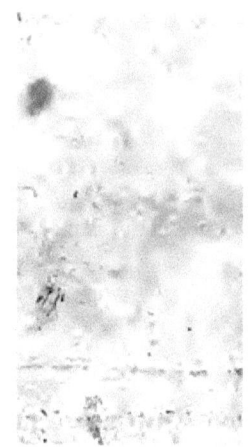

X.

N dieser Figur wirt fürgemalet/die Metzig/so die Spanier im Königreich Guattimala im Feldtläger von Menschen Fleisch gehalten. Denn sie allezeit grosse Schaaren der vberwundenen Indianer mit sich geschlept/welchen sie anders nichts zu essen gaben/dann was sie von den Feinden der Spanier zu todt schlugen/dieselbigen mochten sie einander verkauffen vnd hernacher essen. Sonsten wurden diese arme Leute mit vnerträglichen Lästen vnd Bürden/dermassen vberladen/daß sie offtermals vnder der schweren Last den Geist auffgaben. Laut der Hist. am 46. vnd 47. Blat.

c iij

XL

WJewol der König in Mechuacan die Spanier zum allerdemütigsten vnd freundtlichsten empfangen/Jedoch halffe jhn solches alles weniger denn nichts/sondern name jhn der Oberste alsbaldt gefänglich an/vnd peinigte jhn auff fürgemalte Art/nemblich er liesse jhme die Füsse in ein Stock schlagen/vnder die Füsse ein Feuwerlein machen/vnnd die Füsse oben mit brennheissem Oele betreiffen/wie solchs sampt andern vmbstenden/weitleufftiger in der Historia am 49. vnnd 50. Blat vermeldt wirdt.

XII.

Je Spanier giengen also mit den Indianern vmb/so sie gefangen namen. Denn erstlich schlugen sie dieselbige in die Eysen/ darnach auff den Reysen/ musten sie jhnen die Plunder tragen/vnd waren hieran weder Mann noch Weib/ja die Kindtbetterin selber nicht gefreyet/daß sie offtermals wegen der schweren Last/ Hunger vnd Durst/ so matt waren/ daß sie ihre eygene Kinder von sich warffen/in Meynung ihre schwere Last etwas dardurch zu mindern. fol. 51.

XIII.

Je wirt angezeigt/ wie die Spanier mit jhren bissigen Hunden den Indianern nachiagten/ vnd vnder andern flüchtigen Indianern ein kranckes Weib war/ welche als sie von fern wol gesehen/ daß sie diesen grausamen Jägern nicht entfliehen kundte/ hat sie sich mit einem Strick an einem Balcken selber erhenckt/ aber ehe vnd zuvor/ jhr Kindt so sie bey jhr hatte/ an jhr Bein gehenckt vnd also erstecket. Seynd also angeretzte Hundt ehe vnd daß diese beyde Menschen recht todt gewesen/ in sie gefallen vnd beydes Mutter vnd Kindt jämerlich zerrissen. Vber das hat ein Spanier/ als er für seine Hunde sonsten nichts zu fressen gehabt/ einer Mutter jhr Kindt auß der Schoß gerissen/ vnd davon seiner Hundt einem jeden ein vierthel gegeben. Besihe fol. 54. vnd 55.

d ij

XIV.

Icht anders haben sie den obersten König vber gantz Indien hingerichtet. Dann nach dem er sein Leben mit einem grossen Seck vol Goldts/ welches so hoch als ein Mann reichen mögen/ auff einander gelegen/ erkaufft haben sie jn doch wider alle zugesagte Trew vnd Glauben strangulieren/ vnd darnach zu Aschen verbrennen lassen. Wie Historia am 88. vnd 89. Blat meldet.

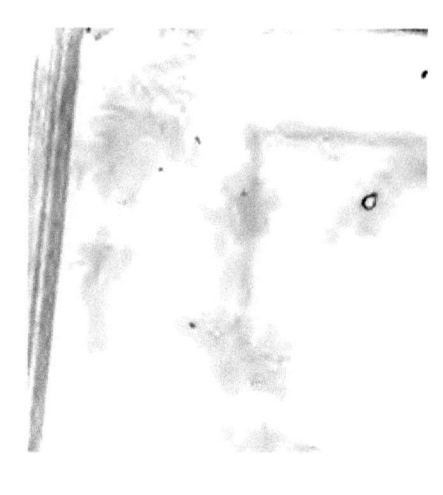

XV.

Lsbaldt diese Wüterich in das Königreich von new Granata kommen/ haben sie von stund an denselben König gefangen/ vnd vnmenschlich in Meynung Goldt von jhme zu bringen/ gepeiniget. Nach dem er aber alles/ so er vermocht vnd auffbringen mögen den Spaniern geben/ vnd es jhnen noch nicht gnug gewesen/ haben sie diesen König auff die Erden geworffen/ jhme den Halß vnd die Füsse in die Eysen geschmiedt/darauff Feuwer vnder die Fußsolen gemacht/ vnd den Leib mit heissen vnschlitt getreifft/daß er also jämmerlich sein Leben enden müssen. Laut der Hist. in fol. 96. vnd 97.

Nder andere guten Wercken der Vnbarmhertzigkeit/ so die Spanier in Indien vollbracht/ ist auch dieses zu mercken/ so sie in new Granaten begangen/ daß sie nemblich den armen Leuten wider zugesagten Trew vnd Glauben vn̄ sicher Geleydt die Hände abgehauwen/ Nasen vnd Ohren abgeschnitten/ auch die Leut lebendig den Hunden vorgeworffen/ wie solches gegenwertiges Tractetlein/ beneben andern grewlichen Spectackeln gnugsam an/ fol. 99. vnd 100. bezeuget.

XVII.

Abärmlich wurden auch die seniaen/so in dem Berckwerck vnd sonsten arbeiten musten/vnd sich nicht embsich gnug tummelten/getractiert/denn dieselben nicht allein an die Pfäle gebunden/sondern auch mit BechCorteln dermassen geschmiessen/daß sie für tode ligen blieben. Vnd daß noch mehr ist/nach dem sie so hart gegeysselt gewesen/ist es nicht dabey verblieben/sondern musten jhnen die Wunden mit heissem Speck noch getreiffet werden/wie solches von Benzonio/vñ hie am 137. Blat außführlich beschrieben wirt.

ENDE